AF299459

MÉMOIRE

POUR Alexandrine-Louise-Adélaïde BARRACHIN, épouse du sieur Antoine MAZIAU, Lieutenant-Colonel de l'ex-Garde, en demi-solde, accusé absent.

Nobles Pairs,

Permettez à la femme du lieutenant-colonel Maziau, à celle qu'il a donnée pour mère à ses huit enfans, d'adresser à votre auguste tribunal quelques explications.

Mon devoir envers mon mari est d'autant plus sacré, dans cette funeste occurrence, que je suis, en quelque sorte, la cause innocente de son malheur.

S'il ne s'étoit pas uni à moi, si nous n'avions pas confondu nos intérêts, le malheureux voyage de Flandre, qui a accumulé sur sa tête tant de préventions, n'auroit pas eu lieu; il vivroit aujourd'hui paisible au sein de sa nombreuse famille.

J'ai été témoin de la plupart des faits que je vais exposer à la noble Cour. Elle y reconnoîtra, je l'espère, tous les caractères de la vérité.

Lorsque j'ai connu M. Maziau, il étoit veuf, et père de huit enfans. Des spéculations malheureuses, au lieu d'améliorer sa position, l'avoient aggravée. Sa situation, le dévouement avec lequel il remplissoit ses

1

(2)

devoirs de père, et ses excellentes qualités, excitèrent en moi le plus vif intérêt. Je m'associai à sa destinée; notre mariage fut célébré le 3 août. Quelques amis et quelques vieux compagnons d'armes de mon mari l'assistèrent dans cette cérémonie.

Les nouvelles obligations que je venois de contracter, la nouvelle famille que j'adoptois, me déterminèrent à donner à mon établissement et à mon commerce plus d'extension.

En conséquence, nous résolûmes, mon mari et moi, de parcourir la Flandre, de visiter les fabriques, de faire des achats, des commandes; il entroit même dans notre plan d'aller en Belgique et en Hollande.

Nous partîmes de Paris le 5 août, dans une voiture que j'avois achetée au Bazar, établissement dans lequel j'avois loué une case pour l'exposition de mes marchandises.

Le 6, nous arrivâmes à La Fère; notre intention n'étoit pas de nous y arrêter. Je ne quittai pas même mes habits de voyage. Mon mari avoit été chargé, par un de ses amis, de voir M. Géant, capitaine d'artillerie. Il connoissoit à La Fère M. Sarrazin, chef de bataillon en retraite; il fut lui faire une visite. Il n'entretint cet ancien camarade que de sa famille, de ses huit enfans, de son commerce, de *choses indifférentes*, et il finit par lui demander l'adresse du capitaine Géant.

Ils sortirent ensemble, furent chercher ce capitaine dans son auberge et dans plusieurs autres endroits, ne le trouvèrent pas, et prirent congé l'un de l'autre, sans qu'il eût été dit un mot entre eux sur la politique. (Voir *la déposition de M. Sarrazin.*)

On passoit la revue; nous allâmes, mon mari et moi, sur la place d'Armes, dans l'espoir d'y trouver M. Géant. J'y fus abordée par un aide-chirurgien-major, nommé Guiraud, que j'avois vu à Paris. Il avoit connu mon frère, qui sert dans les troupes de l'empereur de Perse. Il nous proposa d'entrer chez lui, et me parla d'un officier qui, ayant habité la Perse, pourroit me donner des moyens de correspondre avec mon frère. Il m'offrit en même temps des lettres de recommandation pour quelques maisons de commerce; je les acceptai, et il me remit, une note sur laquelle étoient les adresses de ces maisons.

Le capitaine Géant étoit venu pendant ce temps-là joindre mon mari. Ils causèrent ensemble de leurs amis communs. La conversation tomba un instant sur la politique; elle fut ce qu'elle devoit être entre deux officiers qui ne se connoissent pas : elle porta sur des généralités.

Dans ses déclarations le capitaine Géant a dit que mon mari avoit parlé politique dans le *sens libéral*, *mais raisonnablement;* que lui ayant demandé quel étoit l'esprit de son corps, il lui avoit répondu qu'il étoit sage, tranquille, et que son régiment *étoit parfaitement sûr.* Je ne vois rien là que de très-naturel; mais ce qui ne le seroit pas autant, ce seroit qu'après s'être entretenu assez long-temps avec son ancien camarade, M. Sarrazin, sans qu'il eût été prononcé entre eux un seul mot sur la politique; après avoir eu avec le capitaine Géant une conservation dans le sens libéral raisonnable; après avoir reçu de lui l'assurance que tout le régiment étoit très-éloigné de prendre part à aucun mouvement politique, mon mari eût été, de but en blanc, sans aucune hésitation, tout d'une haleine, débiter au sieur Guiraud le plan d'un vaste complot, et lui recommander d'en *faire part aux fortes têtes* du régiment.

Ce qui pàroîtra aussi fort surprenant, c'est que ce soit à un aide-chirurgien que cette confidence ait été faite; c'est-à-dire à l'homme du régiment auquel il étoit le moins utile de la faire; de manière que l'excessive imprudence de mon mari n'auroit trouvé d'excuse dans aucun motif d'utilité quelconque.

M. Maziau est représenté, dans le système de l'accusation, comme un homme très-adroit; mais j'aurois bien plutôt à le défendre contre le reproche de légèreté, même de démence, s'il avoit été capable d'un pareil trait.

Enfin, ce seroit moi qui aurois été l'intermédiaire de cette importante communication; qui aurois été chercher tout exprès le sieur Guiraud pour l'amener à mon mari.

La vérité est qu'au moment de monter en voiture, je m'aperçus que,

I.

sur la note officieuse que M. Guiraud m'avoit donnée, il avoit omis de
mettre l'adresse de l'officier dont il m'avoit parlé, qui avoit servi en
Perse. Il n'y avoit qu'un pas de notre hôtel à son logement. Je fus lui
demander cette adresse. M. Guiraud m'offrit son bras; je le refusai;
il insista, et me reconduisit à l'hôtel, où nous causâmes ensemble cinq
ou six minutes, pendant qu'on atteloit les chevaux.

Il est moralement et physiquement impossible que tout ce que
M Guiraud rapporte aujourd'hui ait pu trouver place dans une aussi
courte conversation.

Ce qu'il y a de plus probable dans tout cela, c'est que le sieur
Guiraud ayant l'esprit farci de *bavardages*, tels que, selon son rapport
à son colonel, il *s'en faisoit tant alors*, dut questionner M. Maziau
sur ce qui se disoit à Paris; que M. Maziau dut lui répéter sans conséquence quelqu'un des bruits qui étoient l'objet des conversations à
Paris comme à La Fère; et que c'est sur ce qu'il savoit déjà de ces
bruits, sur ce que M. Maziau lui en dit, que M. Guiraud bâtit la fable
qu'il fit verbalement dès le lendemain à son colonel, et que celui-ci
jugea si peu digne d'attention, qu'il ne crut pas devoir en faire part à
l'autorité supérieure.

C'est cette même fable qu'il adressa peu de jours après à M. de
Puyvert, qu'il a depuis présentée de tant de manières, qu'il a amplifiée
successivement, à mesure que quelque nouveau bavardage est venu à sa
connoissance.

Tant qu'il a pu craindre que mon mari ne vînt le démentir, il
s'est abstenu de le nommer; il est resté dans les termes d'une relation
vague.

Dès qu'il a été débarrassé de cette crainte, il s'est donné carrière, et
ce qui d'abord n'étoit que de simples bavardages, ce qu'il qualifioit de
nouvelles et de *ouï-dire* s'est transformé en initiation directe et positive
dans le but et les moyens d'exécution d'un complot. (Voir *l'interrogatoire du colonel Hulot.*)

Au surplus M. Guiraud lui-même a eu soin de définir la conversation qu'il avoit eue avec mon mari en la qualifiant de ON DIT, de BAVARDAGES, comme il s'en fait *tant aujourd'hui.*

Vainement pour justifier cette variation dans sa manière de juger et d'apprécier sa conversation avec M. Maziau, M. Guiraud prétend-il que, tant que le complot n'a pas été découvert, il a été retenu par un sentiment de compassion pour nos enfans. Ce sentiment pouvoit bien, en effet, être un motif de taire le nom de mon mari, mais il n'en étoit pas un pour qualifier de simples *bavardages* ce qui auroit été la révélation positive et directe d'un complot.

En outre, la vérité est une, et le sieur Guiraud, s'il eût dit vrai, n'auroit pas varié sur la circonstance la plus importante de son récit, sur le but du complot.

Son colonel atteste qu'il lui auroit annoncé qu'il étoit question de mettre à la place des Bourbons un autre prince qui ne fût cependant pas de la révolution, et que le signal de cet attentat auroit été la nouvelle de la mort du Roi.

Le sieur Guiraud déclare au contraire, dans ses dépositions, que Maziau ne lui avoit parlé que du rapport des lois d'exception, et dans sa lettre à M. de Puyvert, il annonce *que les Bourbons ne doivent rien perdre de leur puissance.*

Des déclarations qui se contredisent sur des points aussi importans, se détruisent mutuellement.

Si maintenant on nous demandoit à nous-mêmes l'explication de la conduite du sieur Guiraud, nous renverrions à ce que le colonel Hulot a dit sur le caractère personnel de cet homme. Voici comment il s'exprimoit dans sa déposition écrite :

« Je ne croyois pas nécessaire de répandre un bruit inquiétant, » parce que l'individu de qui je tenois ce rapport n'avoit pas ma *con-* » *fiance, étoit un solliciteur importunément officieux,* et qu'il y avoit » des *raisons particulières* pour qu'il le fût davantage dans le moment. »

Dans sa déposition orale, le colonel s'est expliqué ainsi sur les interpellations qui lui ont été adressées. « Je ne dirai pas que je croirois *à la véracité* » habituelle de M. Guiraud, c'est une question trop délicate. Il venoit

» me voir très-souvent pour son avancement, et y mettoit une très-
» grande insistance. Il passe dans le régiment pour être un peu cour-
» tisan, et c'est la plus mauvaise recommandation pour un militaire. »

Le sieur Guiraud lui-même a déclaré pour motiver sa lettre à M. de Puyvert, *qu'il étoit bien aise de se montrer à ce général dans sa vraie nuance.*

Nous ajouterons que M. Guiraud avoit avoué à son colonel que,
pour en savoir davantage, il avoit *feint d'entrer dans le sens de
M. Maziau,* tandis que, dans sa déposition orale, il a soutenu qu'il
avoit été tellement abasourdi par la révélation qui lui avoit été faite,
qu'il n'auroit pas dit un seul mot.

Ainsi, et l'invraisemblance du récit, et les variations qu'il présente,
et le caractère personnel de celui qui le fait, tout détruit le témoignage
de Guiraud.

En sortant de **La Fère,** nous allâmes à Saint-Quentin où nous fîmes
des achats assez considérables, ainsi que l'attestent les factures déposées.
Nous couchâmes dans cette ville. Dans sa déposition du 15 septembre,
le maréchal-des-logis de la gendarmerie de cette ville, a déclaré qu'il
avoit fait toutes les recherches possibles, et qu'il s'étoit assuré qu'aucun
des voyageurs, qui étoient passés par Saint-Quentin, n'avoient fait des
tentatives auprès des militaires qui s'y trouvoient, pour les exciter à
entrer dans un complot.

Nous arrivâmes le lendemain, vers onze heures du matin, à
Cambrai. Notre premier soin fut de nous informer des maisons qui
faisoient le commerce des toiles, et de demander un guide pour nous
y conduire; nous fîmes pour 6 à 7,000 fr. d'achats, ainsi que cela
est attesté; nous rentrâmes ensemble à deux heures; à quatre heures
nous étions hors de Cambrai.

C'est pendant ce séjour de quelques heures à Cambrai, ville où il
ne connoissoit personne, au milieu même de tous les tracas et de tous
les embarras de ses opérations de commerce, que mon mari, dans le
système de l'accusation, auroit perverti la légion de la Seine!

Ici je dois placer quelques explications sur l'entrevue qu'il eut
ce jour là avec deux officiers de cette légion. A la veille même de notre

départ pour Paris, le colonel Varlet vint nous faire une visite de noce. Mon mari lui annonça son voyage, et lui indiqua la ville de Cambrai, comme se trouvant dans son itinéraire. Cela donna occasion au colonel de lui parler d'un frère qui étoit en garnison dans cette ville, et avec lequel il avoit eu quelque altercation. Mon mari se chargea volontiers d'une lettre pour lui. C'est cette lettre qui a joué depuis un si grand rôle; mais, sur les explications franches et complètement satisfaisantes du colonel Varlet, l'auteur en a été entièrement justifié, le porteur doit à plus forte raison l'être aussi.

Nous fîmes demander M. Varlet; il vint avec le capitaine Delamotte. Ces Messieurs causèrent beaucoup politique, et paroissoient fort curieux de savoir ce qui se disoit à Paris : mon mari leur débita les mille et une nouvelles qui couroient alors les salons, sur la révolution d'Espagne, sur les mouvemens de Naples, sur la pétition que l'armée de Piémont avoit adressée au Roi pour avoir une constitution, etc. M. Delamotte, échauffé par la conversation, fit cette profession de foi pleine de patriotisme et d'attachement à ses devoirs militaires, que la Cour connoît. Cette conversation ne dura que le temps de notre déjeuner, à peu près une demi-heure ou trois quarts d'heure.

Ces Messieurs vouloient que mon mari dînât avec eux; il s'y refusa, en alléguant les courses qu'il avoit à faire dans la ville pour ses affaires; et, en effet, il ne vit pas d'autres personnes étrangères à son commerce.

Nous aurons, par la suite, occasion d'apprécier le caractère qui a été donné à cette conversation; ce qu'il importe seulement de remarquer ici, c'est que mon mari n'avoit jamais été à Cambrai, qu'il n'y connoissoit personne; qu'il n'y est resté que quatre à cinq heures, temps à peine suffisant pour les achats qu'il y a faits; et, s'il y a vu deux militaires de la garnison, c'est fortuitement, et par pure obligeance pour un ami qui a été lavé sur ce point de toute prévention.

Nous arrivâmes, mon mari et moi, dans la nuit du 7 au 8, à Valenciennes. Le matin, nous visitâmes quelques manufactures. Mon mari fut remettre, à M. Harlet, lieutenant dans la légion du Finistère, une lettre de recommandation que M. Delamotte lui avoit remise. Il a été constaté qu'elle n'étoit relative qu'à nos affaires de commerce; que mon mari ne s'étoit *présenté* à M. Harlet *que comme un simple particulier;* qu'il *ne lui avoit dit* ni son nom ni son grade, et que celui-ci *n'avoit pas eu l'idée de ce qu'il étoit.* (Voir *la déposition de M. Herzan, lieutenant-colonel*, du 2 septembre.)

Mon mari et M. Harlet causèrent à peu-près un quart d'heure ensemble. Il fut question vaguement, dans le cours de cette conversation, de la manière dont les corps formant la garnison vivoient ensemble, et de ce qui fait ordinairement l'objet de la conversation entre militaires qui ne se sont jamais connus, et qui n'ont rien de particulier à se dire.

M. Harlet, dans son interrogatoire du 2 novembre, a dit que cette conversation ne l'avoit pas frappé de manière à faire naître des soupçons; que ce n'étoit qu'après la découverte du complot, et après la publication de certains ordres du jour publiés à Valenciennes, espèce de monitoires qui signaloient M. Maziau comme un des chefs de ce complot, qu'il avoit pensé que ce n'étoit peut-être pas sans intention que M. Maziau lui avoit fait certaines questions, mais que, du reste, il ne lui avoit fait aucune proposition *tendant à le faire entrer dans un complot;* qu'il ne lui avoit rien dit qui pût lui faire croire à l'existence d'un complot; qu'il lui avoit offert à déjeuner, mais qu'il avoit refusé parce que, disoit-il, il étoit pressé de partir. Il lui avoit remis la lettre de M. Delamotte, sans qu'ils fussent entrés ensemble dans aucune explication.

Le commissaire de police de Valenciennes a déclaré qu'il avoit employé tous les moyens possibles pour savoir si Maziau n'avoit pas eu des relations avec quelques officiers de dragons du régiment du Calvados, mais qu'il n'avoit rien découvert qui pût donner le moindre soupçon sous ce rapport. Plusieurs autres témoins entendus, et notamment les chefs de corps, ont fait des déclarations analogues à celle du commissaire de police.

Nous arrivâmes le 10 à Lille. Notre premier soin fut de nous transporter chez M. Charvet-Barrois, et d'y conclure un marché de toiles. Ce ne fut qu'après avoir terminé nos affaires que M. Maziau songea à aller voir un de ses anciens camarades qu'il savoit être en retraite à Lille, le commandant de Lasalle : ne l'ayant pas rencontré chez lui, il le fit prier de passer à l'hôtel ; M. de Lasalle y vint ; ils parlèrent de leur position respective, de leurs campagnes et d'escrime. M. de Lasalle revint une seconde fois le soir. Mon mari le lendemain alla prendre congé de lui, et ses commissions pour Paris.

Nous vîmes aussi à Lille M. et Mme Bernos qui nous firent civilité.

Mon mari vit encore un maître d'armes, nommé Rossignol, avec lequel il avoit, plusieurs fois, fait des armes à Paris. Ils avoient parlé vaguement d'un assaut ; mon mari l'avoit même invité à déjeuner pour le lendemain ; mais il eut bientôt oublié Rossignol, l'escrime et le déjeuner, et il retint M. Bernos à déjeuner pour le même jour. Aussi, lorsque Rossignol vint, mon mari fut obligé de l'éconduire. Nous avons su depuis que l'amour-propre de Mme Rossignol en avoit été gravement offensé, et qu'elle avoit engagé son mari à écrire que l'assaut, auquel M. Maziau ne pensoit déjà plus, n'auroit pas lieu. Au surplus M. Rossignol déclare que mon mari ne lui dit pas un mot de politique.

Voilà l'histoire exacte de notre séjour à Lille, qui ne se prolongea pendant trois jours que sur les instances de M. et de Mme Bernos.

De Lille, nous fûmes à Calais, à Boulogne, puis nous revînmes par la Picardie. Il a été fait des informations très-exactes dans toutes ces villes ; nulle part on n'a découvert la plus légère trace de manœuvres pratiquées par mon mari. Il est prouvé qu'il ne s'y occupa que des affaires de notre commerce.

Le 15, nous étions à Amiens. Mon mari, apprenant à l'auberge qu'un régiment de chasseurs, dans lequel sont plusieurs officiers de la garde, et entre autres le capitaine Parquin, y étoit en garnison, fit demander l'adresse de M. Parquin à l'adjudant-major du régiment.

Quelques momens après, le capitaine Parquin entra, et il fut bientôt suivi du capitaine Faure. Ils causèrent beaucoup de leurs anciens camarades, de la Garde, et nullement de politique. Ces Messieurs firent beaucoup d'efforts pour retenir mon mari ; ils le prièrent de leur accorder un jour et de dîner avec eux ; il s'y refusa ; ils exigèrent de lui qu'il vînt au moins les revoir; il le leur promit. Nous montâmes en voiture en présence même de ces Messieurs; et le 17 août nous étions de retour à Paris.

Nous ne pouvions rester plus long-temps éloignés tous deux d'un établissement qui exigeoit une surveillance journalière, et dont nous n'avions pas reçu des nouvelles depuis notre départ. C'est ce qui nous força d'abréger ce voyage qui, dans notre premier plan, devoit être beaucoup plus étendu. Nous avions laissé plusieurs opérations importantes en suspens; mon mari dut repartir pour les reprendre et les terminer. Le but de son voyage étoit aussi d'aller en Belgique et en Hollande établir nos correspondances.

Il partit le 18 à huit heures du matin, arriva le soir à minuit à Amiens. Le lendemain matin, il fut faire une visite à MM. Parquin et Faure, ainsi qu'il le leur avoit promis; mais il ne voulut pas s'arrêter, et résista à toutes les instances qu'ils lui firent pour le retenir au moins à déjeuner.

Il vit en passant à Péronne, le chef d'escadron M. Scribe, qui, n'ayant pas pu le retenir, pour être un peu plus long-temps avec lui, monta dans sa voiture, et l'accompagna à une certaine distance de la ville. M. Maziau l'entretint de son mariage, de ses enfans, de son commerce. Il ne fut nullement question entre eux de politique.

Il arriva le soir fort tard à Cambrai; le lendemain 20, il fut à Arras, et revint le même jour fort tard. (Voir *la déposition de l'aubergiste.*)

Le 21, il a été vu lisant tranquillement, au café, *le Moniteur* qui avoit annoncé la découverte d'un complot.

Il resta trois heures encore à Cambrai, fut coucher à Maubeuge, et le surlendemain il fut à Mons, où il apprit sans doute, peu de jours après, qu'il étoit signalé comme le commis voyageur de la conspiration. Il pria M. Krettly de ramener à Amiens une voiture qu'il y avoit louée.

. L'autorité, avant de le signaler dans les journaux, avoit décelé ses intentions à l'égard de mon mari. Une descente avoit eu lieu chez un de ses amis, et l'on avoit saisi avec affectation les papiers qui le concernoient.

Une personne qui s'intéressoit à moi vint m'en prévenir confidentiellement. Effrayée par cet avis, et par le nombre des arrestations qui
se faisoient, je volai sur les traces de mon mari. A Amiens j'appris
qu'il avoit loué une voiture. Au moment où je me disposois à le suivre,
je vis arriver M. Krettly qui ramenoit cette voiture, qui me donna de
ses nouvelles, et m'annonça qu'il étoit en Belgique.

Voilà dans toute sa simplicité, et dans la plus grande exactitude,
l'historique des deux seuls voyages que mon mari ait jamais faits en
Flandre.

Mon mari ne s'est arrêté que dans les villes où il avoit des achats à
faire ; il n'y est resté que le temps rigoureusement nécessaire pour les
effectuer.

Dans les villes au contraire où il n'avoit pas à s'occuper d'opérations
de commerce, il a constamment refusé de s'arrêter. Ainsi il ne fit que
traverser Amiens, Péronne, malgré les instances réitérées de ses amis.

Cependant il auroit eu, surtout à Amiens, toute facilité pour pratiquer les prétendus mouvemens dont on lui a supposé le projet. Il y
trouvoit d'anciens frères d'armes auxquels il auroit pu se confier, et
qui lui donnèrent les témoignages les plus expressifs de leur attachement.

Il reste à Lille trois jours. Il y trouve un ancien camarade. C'eût
bien été le cas de s'ouvrir à lui ; cependant il ne lui dit rien. Rossignol
doit aussi lui inspirer de la confiance ; comme sous-officier, il peut lui
indiquer quel est l'esprit du soldat ; comme maître d'armes, il peut le
mettre en rapport avec les officiers. Hé bien ! il ne lui demande aucune
particularité ; ne lui fait rien pressentir ; ne lui donne aucune recommandation, le rebute même par une impolitesse, et rejette ainsi la
facilité qui se présentoit à lui de voir les officiers de la garnison.

Pendant ces trois jours, il ne voit à Lille que le secrétaire de la
mairie, connu par son dévouement à la cause de la légitimité. Cependant, s'il est chargé d'une vaste conspiration, il doit chercher à se ménager des intelligences dans une aussi nombreuse garnison, et en saisir

toutes les occasions. Il les néglige au contraire toutes, èt il fait la même chose dans les autres villes.

Ce n'est pas tout : dans le système de l'accusation, le but principal de ses opérations est à Cambrai. C'est là qu'il doit séduire des officiers qu'il n'a jamais vus; les entraîner dans une tentative capitale pour eux; convenir des moyens d'exécution, etc. etc. Hé bien! il y reste quatre ou cinq heures, lors de son premier voyage, et a seulement une conversation d'environ demi-heure, avec deux officiers, en pleine auberge. Il ne voit aucun autre militaire, et passe son temps à courir les rues et les magasins pour acheter de la toile.

Du moins, lors de son second voyage, le 20 août, jour marqué par l'accusation pour l'exécution du complot, il restera nécessairement à Cambrai pour donner le signal du mouvement, pour le diriger, pour encourager, fortifier, entraîner ses partisans.

Point du tout, il emploie la journée du 20 à faire un voyage à Arras, sans que l'instruction ait indiqué la plus légère circonstance qui ait pu faire soupçonner que ce voyage eût quelque rapport à la conspiration. Il ne revient que le soir à Cambrai, et en repart le lendemain matin, plusieurs heures après l'annonce de la découverte du complot par *le Moniteur*, qu'il lit dans un café, sans manifester la plus légère inquiétude.

Enfin partout, et dans tout·le cours de son voyage, l'on voit mon mari se conduire en négociant, s'occuper constamment des affaires de son commerce, et nulle part on ne voit ni dans ses actions ni dans ses propos, rien qui puisse caractériser un conspirateur.

Le fait du voyage étant entièrement justifié, que reste-t-il dans l'accusation? Des conversations et du bavardage.

Que M. Maziau ait vu des militaires; qu'il ait causé politique avec eux; qu'il se soit abandonné, dans sa conversation, à tous les épanchemens du cœur le plus franc et le plus ouvert; que depuis, ses paroles aient été dénaturées, ou par la crainte, ou par l'intérêt, ou par des vues ambitieuses, c'est ce qui se conçoit très-facilement.

Rien n'est plus fugitif qu'une conversation; elle se retrace dans l'esprit de celui qui y a pris part, selon les préventions dont il est affecté.

Tel qui, depuis la publication des journaux et des ordres du jour, a vu, dans les conversations de mon mari, des ouvertures positives et la révélation d'un complot, ni voyoit, avant, que des nouvelles *rapportées*, des *ouï-dire* ou des *bavardages*.

La position de chacun des témoins a pu influer aussi sur la version qu'il a donnée.

L'un, saisi de crainte, à l'idée qu'on pourroit le soupçonner d'intelligence avec un conspirateur, s'est hâté de repousser ce soupçon par une profession éclatante de son dévouement ; et comme il falloit amener cette profession, il a bien fallu supposer, de la part de M. Maziau, des ouvertures indirectes, des tentatives de séduction.

L'autre, poursuivant avec ardeur son avancement, *solliciteur importunément officieux*, n'aura pas résisté à la tentation de se constituer, au moyen d'une légère amplification, le sauveur de l'Etat, et de s'ouvrir ainsi le chemin de la fortune.

Quant aux déclarations des accusés, qu'il me soit permis de dire qu'elles ne méritent pas une très-grande confiance, en thèse générale, et encore moins dans l'espèce particulière.

D'abord, un accusé ne peut qu'être dominé par la plus forte des influences, celle qui naît du sentiment de sa conservation. Cette influence peut bien être combattue, à l'égard d'un coaccusé présent, par la crainte de perdre le compagnon d'infortune qu'on accuse, mais rien ne la combat à l'égard d'un coaccusé absent. D'un côté, il n'est pas là pour vous démentir ; d'un autre côté, quel mal lui fait-on puisqu'il est hors de toute atteinte, et que s'il se représente, ses moyens restent entiers.

Daignez, nobles Pairs, vous reporter à la situation morale où étoient les accusés lorsqu'ils ont été interrogés.

Tous les hommes ne sont pas à l'épreuve d'une poursuite criminelle. Nous avons vu les officiers de la légion de la Seine, très-bons militaires, et qui avoient bravé la mort sur le champ de bataille, fuir tout épouvantés, à la seule idée qu'ils pouvoient être impliqués dans une conspiration ; livrés par le gouvernement des Pays-Bas, et de suite séquestrés de tout conseil, de toute communication, la solitude et les longues insomnies du secret, n'ont sans doute pas contribué à leur rendre le calme et la force morale qui les avoient abandonnés.

Dans cette disposition combien ne durent-ils pas être accessibles à des inspirations qui leur offroient un moyen de se justifier ?

J'arrive à la partie la plus délicate de l'*accusation*, du moins à celle qui intéresse le plus vivement mon mari, puisqu'elle touche à son honneur. Je ne puis m'empêcher en traçant ces lignes de rougir de honte et d'indignation, en pensant aux soupçons avilissans qui ont pu planer un instant sur le caractère de l'homme le plus franc, le plus loyal, le plus éloigné du rôle infâme qu'on lui prêtoit; de l'homme qui préféreroit mille fois l'échafaud à une pareille souillure.

Le bruit avoit couru que mon mari étoit un des agens provocateurs qui avoient été envoyés pour sonder les dispositions des militaires, et exploiter leur mécontentement. Son absence avoit pu donner quelque consistance à ce bruit, aux yeux des personnes qui ne le connoissent pas, et les officiers de la légion de la Seine étoient dans ce cas.

Ils s'imaginèrent, dans cette préoccupation d'esprit, que les conversations que M. Maziau avoit eues avec eux, n'avoient eu pour objet que de les sonder, et de surprendre l'expression de leurs sentimens. Dès lors ils ne s'attachèrent plus qu'à constater ce qu'ils regardèrent comme une provocation; et leurs déclarations furent dirigées vers ce but. Elles se sont nécessairement ressenties de cette prévention.

Mais ils n'ont pas tardé à revenir de leur erreur. Les fantômes que leur imagination avoit enfantés ont disparu. Ils ont vu que la pure vérité seroit encore pour eux le moyen de salut le plus assuré.

Le capitaine Delamotte a reproduit au débat, avec cette franchise qui ne sauroit se feindre, les mêmes conversations si fort incriminées.

Varlet a désavoué celles, toutes plus ou moins absurdes, qu'il avoit tracées dans ses interrogatoires.

Parlerai-je du prétendu colloque que mon mari auroit eu avec le capitaine Thévenin et que celui-ci auroit rapporté à M. le lieutenant du Roi ? Le capitaine Thévenin a constamment soutenu, et dans ses interroga-

(15)

toires, et au débat, que le lieutenant du Roi qui a rapporté ce colloque, avoit présenté comme positif ce qui, de sa part, n'étoit que pures hypothèses fondées sur les bruits divers qui couroient dans la ville, et sur les articles des journaux.

Ce colloque est d'ailleurs marqué au coin de l'invraisemblance la plus frappante, puisque mon mari y seroit présenté comme devant aller aux casernes haranguer les soldats, lui qui n'y connoissoit pas même un tambour, et qui, par cela seul, ne pouvoit inspirer aucune confiance.

Que reste-t-il donc? De simples conversations plus ou moins chaleureuses, plus ou moins brûlantes de patriotisme; des épanchemens de militaires qui partagent les mêmes sentimens, dès vœux qu'ils forment pour une patrie pour laquelle ils avoient si long-temps combattu, et voilà tout.

Qu'après cela mon mari ne se soit pas entretenu de la maladie du Roi; de ce qui pourroit arriver si la France avoit le malheur de le perdre; du parti qui, dans cette funeste hypothèse, pourroit dominer et entraîner le gouvernement; de la pétition que l'armée de Piémont avoit adressée à son Roi; de la possibilité qu'il y auroit d'imiter cet exemple, c'est ce que je n'affirmerois pas, et c'est ce que je n'ai aucun intérêt de contester.

Que ces idées, ces conversations aient pu contribuer à faire fermenter la tête de MM. Delamotte et Varlet; qu'ils en aient parlé entre eux, et avec leurs amis; qu'ils se soient entretenus de la possibilité de demander au Roi, par des pétitions, le rapport des lois d'exception, et l'exécution intégrale de la Charte; que, dans l'exaltation de leur patriotisme, ils aient fait entendre quelques propos indiscrets, c'est encore ce qui seroit possible.

Mais il y a bien loin de là à cette harangue que l'un des accusés met dans la bouche de mon mari, et que, pour plus de vraisemblance, il suppose avoir été prononcée en pleine place publique, en présence d'officiers que mon mari auroit vus pour la première fois; harangue que tous les officiers désignés pour y avoir assisté, accusés ou non accusés, ont déclaré n'avoir jamais entendue.

Il y a plus: tous déclarent n'avoir jamais vu Maziau. Godo-Paquel ; Ligneret , Desbordes , Pégulu, Debrue, Dutoya, Remy, Martel et Thévenin , reconnoissent n'avoir eu aucun rapport avec lui. — Thévenin déclare seul l'avoir rencontré chez Delamotte, lors de la visite d'adieux qu'il lui fit le 21, et n'avoir su son nom que parce qu'il le vit dans son chapeau. Cependant, tous ces officiers auroient assisté aux prétendus conciliabules chez Desbordes, à l'Esplanade, et aucun d'eux n'avoit intérêt à ménager mon mari.

Encore une fois, il n'y a eu dans tout cela que des propos qui peuvent, avec les plus légères modifications, se prêter à toutes les versions. Quant aux charges matérielles, qui devroient nécessairement abonder, s'il y avoit eu réellement complot, et surtout si l'exécution en eût été aussi prochaine que l'accusation le suppose, il n'en existe aucune, ou plutôt il en existe de négatives ; car, ainsi qu'on l'a déjà vu, le 20, jour marqué pour l'exécution dans le système de l'accusation , mon mari s'étoit absenté de Cambrai.

Mais deux autres circonstances ont été présentées par l'accusation, comme prouvant le but criminel des voyages de mon mari.

L'une est la rencontre qu'il auroit faite du sieur Bérard, dans un déjeuner au Bazar, et la communication qu'il lui auroit donnée de l'objet de son voyage. L'autre est l'envoi d'un paquet adressé au capitaine Parquin.

Sur le déjeuner au Bazar, j'observerai d'abord qu'il est établi par la procédure, que mon mari n'y avoit pas été invité ; qu'il n'y étoit pas attendu ; que M. Sauset, l'ayant pressé de rester, fit préparer des œufs pour lui ; que les convives avoient déjà terminé leur repas , et s'étoient même en partie levés de table. Bérard, de son côté, d'après ce qu'il déclare, auroit été sur le point de ne pas s'y rendre. Sa rencontre avec mon mari qu'il ne connoissoit pas , qui ne le connoissoit pas lui-même, a donc été le pur effet du hasard.

Quant à l'initiation de Bérard, par mon mari, dans un complot, elle présente tous les caractères de la fausseté.

Bérard a déclaré qu'il avoit déjà reçu les confidences de Nantil. Il étoit donc initié. Si l'on suppose Maziau du complot, l'on doit aussi supposer qu'on ne lui avoit pas laissé ignorer que Bérard étoit déjà instruit. Pourquoi donc lui auroit-il révélé ce qu'il savoit déjà, et surtout avec un air de mystère ?

Pourquoi se seroit-il caché, pour cette prétendue confidence, des autres convives, puisque, d'après l'accusation, ils auroient été réunis pour concerter leurs mesures relatives à la conspiration, et qu'on ne peut pas dès lors supposer qu'il y eût des personnes suspectes, devant lesquelles ils auroient craint de s'expliquer ? Comment croire que deux hommes qui ne se connoissoient pas, qui n'avoient jamais entendu parler l'un de l'autre, que le hasard faisoit rencontrer dans une maison étrangère, se soient, tout à coup, comme par inspiration, trouvés liés assez pour se faire des confidences de la plus grande importance ?

Comment croire que mon mari ait pu dire à Bérard qu'il alloit *à Cambrai pour soulever les troupes* QU'IL AVOIT DÉJA TRAVAILLÉES, lorsqu'il est constant qu'à cette époque il n'avoit jamais été à Cambrai, et n'y connoissoit pas une âme ?

Il n'est ni vraisemblable ni admissible, que M. Maziau qui voyoit Bérard pour la première fois, lui ait fait des confidences qu'il ne pouvoit pas raisonnablement lui faire s'il n'étoit pas du complot, et qu'il n'avoit pas à lui faire s'il en étoit, puisqu'il auroit su qu'il parloit à plus savant que lui ; des confidences enfin qui, telles qu'elles sont présentées par Bérard, offrent d'ailleurs tous les caractères du mensonge, puisqu'elles reposent, en grande partie, sur un fait matériellement faux, celui de tentatives de séduction déjà faites par *M. Maziau à Cambrai*, où il n'avoit jamais été, et où, nous le répétons, il ne connoissoit absolument personne.

Que si, pour justifier Bérard, l'on disoit que mon mari pouvoit avoir, par correspondance, travaillé les troupes à Cambrai, sans y avoir jamais été, je répondrois que ce seroit étayer un mensonge par une explication absurde. On ne peut pas admettre, malgré la puissance d'entraînement que l'accusation suppose à mon mari, qu'il ait séduit, par lettres, des officiers qu'il n'auroit jamais vus, et auprès desquels,

3

dans le système de cette même accusation, il eût eu besoin, pour s'introduire, du billet du colonel Varlet.

Mais Bérard s'est trahi lui-même. Le menteur craint toujours qu'on ne le croie pas, et pour cela, il surcharge toujours ses récits d'une foule de détails pour leur donner un air de vérité. Cette affectation, outre qu'elle décèle, par elle-même, l'artifice, fournit toujours quelque moyen de le dévoiler et de le constater.

Ainsi, dans sa déclaration orale, Bérard a ajouté, entre autres détails tout-à-fait nouveaux, que mon mari avoit tiré un portefeuille vert, et lui avoit offert de l'argent. Il seroit étonnant qu'une circonstance aussi remarquable lui eût échappé, dans ses nombreux interrogatoires antérieurs, et il est tout-à-fait inexplicable que M. Bérard eût été le seul a qui mon mari auroit fait de pareilles offres. C'étoit sans doute en l'honneur de l'épaulette que M. Bérard porte et de sa double décoration, surtout de la connoissance toute fraîche qu'ils venoient de faire, que mon mari se seroit hasardé à une pareille démarche, ou pour mieux dire, à une pareille insulte.

Enfin, mon mari auroit dit à Bérard qu'il étoit question du roi de Rome, et dans le langage qu'on lui prête, soit à La Fère, soit à Cambrai, M. Maziau n'auroit jamais parlé que d'un changement dans le mode de gouvernement, et non dans la dynastie.

Il est vrai que l'accusation a cherché à expliquer cette contradiction, en disant que M. Maziau parloit à chacun le langage qui lui convenoit le plus.

Je n'examinerai pas s'il est bien raisonnable d'admettre que mon mari ait songé à provoquer des mouvemens qui auroient eu des tendances non seulement différentes, mais même entièrement opposées, et si l'unité de but n'est pas la condition de toute conspiration ; mais je demanderai qu'on veuille bien préciser les motifs que mon mari auroit eus de parler à Bérard du roi de Rome, et ce qui auroit pu le déterminer à parler à l'aide-chirurgien Guiraud, ou aux officiers de Cambrai, du *simple rapport des lois d'exception ?*

Rien n'établit, dans la procédure, une diversité d'opinions entre

Bérard et les autres officiers; rien ne justifie cette différence de langage, qui étoit au moins une grande difficulté, si elle n'étoit pas un obstacle absolu pour le succès de toute conspiration. Il faut donc bien reconnoître que cette différence est une contradiction qui prouve la fausseté de Bérard ou de Guiraud, ou plutôt de tous les deux.

Enfin, j'arrive au paquet mystérieusement adressé par un sieur Laval au capitaine Parquin, et refusé par celui-ci.

1º. Ce seroit le 18 au soir, c'est-à-dire le jour même où mon mari est parti pour Amiens, que ce paquet auroit été mis aux messageries. Je ne conçois pas quel motif mon mari auroit eu de ne pas prendre avec lui les effets contenus dans ce paquet.

Ce n'est sûrement pas par mesure de prudence, car des effets sont bien plus exposés aux recherches de l'autorité, dans un paquet livré aux messageries, et qui doit ou peut subir plusieurs vérifications, que dans le porte-manteau d'un voyageur, qui est toujours respecté.

2º. Au moins auroit-il prévenu, en passant à Amiens, son ami, le capitaine Parquin, qu'il lui adressoit ce paquet, et l'auroit-il prié de le recevoir; précaution d'autant plus indispensable, que le paquet n'étoit pas affranchi.

Eh bien! mon mari arrive à Amiens, voit le capitaine Parquin, s'entretient avec lui pendant quelque temps, et ne lui souffle pas le mot de ce paquet; aussi, le capitaine Parquin ne le reçoit-il pas, et le renvoie par le motif qu'il n'étoit pas prévenu; la découverte du complot n'avoit pas encore pu être connue à Amiens.

3º. Le paquet étant renvoyé, mon mari, si c'eût été lui qui l'eût fait partir, m'auroit dit, ou fait dire, de le retirer de suite et de faire disparoître une preuve aussi importante. Le paquet est resté au dépôt des messageries jusqu'au moment où l'autorité l'a saisi, le 1er octobre. Et, qu'on ne dise pas que j'aurois pu être retenue par la crainte de me compromettre, car rien n'annonçoit que l'autorité fût prévenue, et elle n'auroit pu l'être que par M. Mazlau ou par le capitaine Parquin, qui n'a été interrogé que fort tard.

4º. Enfin, rien dans la procédure n'annonce que mon mari dût agir

3.

à Amiens. L'accusation place, au contraire, le centre de ses opérations à Cambrai ; c'est là que mon mari devoit se porter aux casernes
et se mettre à la tête des troupes. Son uniforme lui eût donc été nécessaire à Cambrai, et inutile à Amiens.

Ainsi, attribué à mon mari ou à moi, l'envoi de ce paquet seroit entièrement inexplicable ; et chacune des circonstances qui l'accompagnent
présenteroit des problèmes à peu près insolubles.

Mais qui peut donc l'avoir envoyé ? C'est ce que nous ne pouvons
être obligés de préciser.

Cependant, si l'on remarque avec quelle affectation une cocarde tri-
colore se trouve dans ce paquet, uniquement pour en bien constater
la criminalité, puisque cette cocarde pouvoit être mise dans un portefeuille, ou partout ailleurs, et très-facilement dérobée à tous les yeux,
et qu'il n'y avoit aucun, absolument aucun motif de le mettre dans
un paquet confié à la diligence.

En outre, si l'on observe que, d'après la description qui est faite de
ce paquet, dans le procès-verbal du commissaire, il se seroit trouvé
enveloppé de deux serviettes portant, l'une la marque de mon mari ;
l'autre la mienne, comme pour bien nous compromettre tous deux :
on ne peut que reconnoître, dans toute cette combinaison, une ma-
nœuvre concertée, et qui se trahit par la surcharge même des pré-
cautions employées.

Certes, si mon mari, partant le 18 pour Amiens, eût mis, le 18,
à la diligence, un paquet pour cette ville, et cela de peur que ce
paquet fût saisi sur lui, et pour sa sûreté, il se seroit bien gardé d'en-
velopper ce paquet de serviettes portant sa marque, de les choisir même
de manière à ce qu'elles présentassent deux marques différentes, pour
que nous fussions tous les deux bien signalés et bien compromis.

Je le répète, plus je réfléchis sur cet incident, plus il me paroît
extraordinaire, plus il me paroît inexplicable dans le sens de l'accusation, et j'espère que nos nobles juges se contenteront de la preuve né-
gative, à laquelle je suis forcée de me réduire. Ils n'exigeront pas de moi
que je soulève un voile, que le temps seul pourra déchirer.

Tel est, nobles Pairs, l'exposé des charges contre mon mari.

Je pourrois maintenant invoquer en sa faveur les longs services qu'il a rendus à son pays, ses nombreuses blessures. Je pourrois en appeler au témoignage d'un illustre maréchal, qui attesteroit de quelle manière M. Maziau s'est conduit, lors du licenciement de l'armée, et quels services il a rendus à cette époque à la paix publique; je pourrois vous présenter sa nombreuse famille, non pour vous attendrir, mais pour vous demander si l'on conspire lorsqu'on est père de huit enfans; si l'on conspire lorsqu'on vient de contracter un nouveau lien, qui attache de plus en plus aux habitudes domestiques, et fait naître les plus douces affections; si enfin un homme, qui a fait preuve de quelque honneur, de quelque délicatesse, eût jamais consenti à m'associer à une destinée qu'il alloit exposer à tant d'orages?

Il a dû me suffire de combattre, et de détruire chacune des charges élevées contre mon mari; j'abandonne les simples considérations à vos cœurs et à vos consciences.

Que manque-t-il à la justification de M. Maziau? Peut-être de la présenter lui-même, avec cet accent de franchise, cette candeur, cette bonhomie qui forment les traits distinctifs de son caractère.

Mais je me rassure, alors que je considére qu'à l'égard de plusieurs autres accusés, vous avez écarté toute prévention résultant de leur absence pour ne chercher que la justice et la vérité.

Vous savez, nobles Pairs, sous quel jour fut d'abord présenté ce funeste procès; selon les journaux, *cinquante personnes du plus haut rang étoient désignées aux poignards de cinquante assassins. Rien de ce qui commande la vénération la plus profonde ne devoit être épargné par ces furieux, etc.* Non seulement les journaux étoient remplis des projets sanguinaires attribués aux accusés, mais des ordres du jour signaloient dans toutes les garnisons le nom de M. Maziau, et faisoient en quelque sorte un appel à toutes les passions que devoient soulever contre lui sa participation à de pareilles atrocités.

L'âme la plus forte a pu être ébranlée par de si violentes préventions. Lorsque l'autorité a elle-même placé, ou permis qu'un prévenu fût placé dans une pareille position, peut-on faire un crime à ce malheureux de se soustraire aux dangers dont on a eu soin de l'environner?

Il est vrai qu'aujourd'hui toutes ces fables se sont évanouies, et que leur absurde exagération est plus favorable aux accusés qu'elle ne leur a été nuisible.

Il est vrai que la noble Cour, par sa sagesse et par l'impartialité avec laquelle ont été conduits les débats, a offert aux accusés toutes les garanties capables de rassurer l'innocence la plus défiante et la plus timide. Mais, hélas! mon malheureux mari, accablé, bien plus par l'idée de nos peines, par la position de sa jeune et nombreuse famille, que par ses propres souffrances, a-t-il pu résister à de si violentes secousses? Est-il aujourd'hui en état de suivre l'impulsion de son cœur, et de se présenter à vous avec cette assurance que lui inspireroient vos vertus?

Ah! nobles Pairs, n'invoquez pas contre lui son absence! Elle n'est pas volontaire, et la cause de cette absence est un nouveau coup de cette destinée qui nous accable.

Mais, j'ose l'espérer, celui qui a versé son sang sur tant de champs de bataille, qui a toujours été bon père, bon époux, bon citoyen; celui dans la vie duquel il ne se trouve pas une seule tache, ne restera pas sans défenseur. Il en trouvera parmi les membres de cette Cour, où la bravoure, le dévouement pour la patrie, et toutes les vertus privées du citoyen ont tant d'illustres modèles.

Signé BARRACHIN, *femme* MAZIAU.

EX-GARDE IMPÉRIALE.
CHASSEURS A CHEVAL.

ÉTAT des services, campagnes et blessures de M. Maziau (Antoine)*, Chef d'escadron, Capitaine à la quatrième compagnie dudit régiment, fils de* Pierre *et de* Marie Martin*, né le 25 octobre 1777, à Versailles, département de Seine et Oise;*

Entré au service à l'âge de quinze ans et demi, le 25 mars 1793, âgé maintenant de trente-huit ans cinq jours.

DURÉE DE L'ACTIVITÉ ET DÉSIGNATION DES GRADES.	Ans.	Mois.	Jours.
Entré au 11e bataillon de *Seine-et-Oise*, le 25 mars 1793..........	2	9	16
Passé au 3e régiment *dragons*, le 11 janvier 1796.................	1	2	13
Entré aux *guides à cheval* d'Italie, le 28 brumaire an 5...........	»	4	14
Brigadier dans le même corps, le 12 thermidor an 5.............	2	4	27
Fourrier dans le même corps, le 9 nivose an 8...................	»	»	4
Admis avec son grade, dans les *chasseurs à cheval* de la garde des consuls, le 13 nivose an 8...........	»	8	17
Maréchal des logis au même régiment, le 1er vendémiaire an 9...	»	9	6
Maréchal des logis chef, au même régiment, le 6 messidor an 9.....	1	3	19
Sous-lieutenant au même régiment, le 21 vendémiaire an 11.........	1	11	27
Lieutenant en second, le 1er vendémiaire an 13..................	1	2	27
Lieutenant en premier, le 27 frimaire an 14....................	3	6	17
Chef d'escadron, capitaine adjudant-major, le 3 août 1809..........	4	10	29
Chef d'escadron, capit. de compte, le 30 juillet 1814..............	1	3	29
Total....	22	7	5

CAMPAGNES DE GUERRE.

A fait les campagnes des ans 2 et 3 dans la Vendée, 4 dans l'intérieur, 5 et 6 en Italie, 7 à l'armée de l'Ouest, 8 et 9 en Autriche, en Hanovre, 12 et 13 sur les côtes, 14 et 1806 en Autriche, 1807 en Prusse et Pologne, 1808 en Espagne, 1809 en Autriche, 1815 en France et en Belgique.

———

Blessé d'un coup de balle sur le tibia gauche, le 29 juin 1793, à Nantes ; d'un coup de sabre sur le bras droit, au premier passage de la Piave en Italie ; d'un coup de sabre sur la main gauche, le 8 vendémiaire an 8, à Zurich en Suisse; d'un coup de biscayen au pied gauche, à la bataille de Wagram, le 6 juillet 1809.

———

Infirmités. — Deux hernies inguinales, provenant de chutes de cheval et de fatigues.

Le conseil d'administration dudit régiment certifie l'exposé ci-dessus sincère et véritable, et en outre que cet officier s'est toujours parfaitement conduit ; il n'a que des louanges à recevoir : il est père de six enfans et se trouve sans fortune.
A Périgueux, le 29 octobre 1815.

Suivent les signatures :

Le chef d'escadron Moysant.
Le major baron Bayeux.
Le chef d'escadron capitaine Barbanègre.
Le major baron De la Scite.
Le major baron, Kirman.

IMPRIMERIE DE LE NORMANT, RUE DE SEINE, N° 8. — 1821.

9 782019 295226